Rakkauden viestit
Sanomaa ja Harjoituksia
Universaalin Pyyteettömän Rakkauden
levittämiseen

RAKKAUDEN VIESTIT

*Sanomaa ja Harjoituksia
Universaalin Pyyteettömän Rakkauden
levittämiseen*

Shi Assi

3

Valmistaja:
Books on Demand GmbH, Norderstedt, Saksa /

Kustantaja:
Books on Demand GmbH, Helsinki, Suomi

Kannen kuva:
Shi Assi

Julkaistu yhteistyössä
BioforceCenter association ry:n kanssa.

Ensimmäinen painos

ISBN-13: 978-952-498-272-6

Äiti Marian Esipuhe

Olen Äiti Maria, Enkelten Kuningatar. Tuon viestejä Rakkaudesta Shi Assin kautta. Minä annan Rakkauden Viestit -kirjassa neuvoja ja ohjeita ihmiskunnalle, miten lähestyä omaa Jumalallisuuttaan ja näin kokea Rakkaus itse.

Pohdintoihin, harjoituksiin ja tehtäviin olen antanut neuvoja, mutta Shi Assi on tehnyt osan työstä myös itse.

Rakkautta ja Rauhaa Ihmiskunnalle

Äiti Maria

Shi Assin Esipuhe

Vuonna 2007 hyvä ystäväni lähetti minulle sähköpostilla tietoa kiinnostavasta kurssista. Minulla oli siihen aikaan tapana heti alkaa epäröidä, onkohan kurssi (tai joku muu asia tai tapahtuma) sittenkään hyvä idea? Riittävätköhän rahani siihen? Kannattaakohan kurssille oikeastaan loppujen lopuksi mennäkään?

Jostain syystä ilmoittauduin kuitenkin tälle kurssille saman tien! En miettinyt yhtään, mistä saan rahaa tai onkohan se varmasti laadukas ja antoisa. Olin juuri sairaslomalla loppuun palamisen vuoksi ja ajattelin, että tällä totaalisella uupumuksella on tarkoitus! Kerrankin ehdin kurssille, jonne haluan. Normaalisti olisin ollut töissä, eikä minulla olisi ollut aikaa! Tunsin ja tiesin, että minun on vaan tehtävä tämä asia nyt näin; vain sydäntäni kuunnellen!

Se oli Enkelikurssi; opetusta Rakkaudesta. Kurssin jälkeen elämäni muuttui!

Elämääni alkoi suorastaan tulvia Valoa! Valoa, joka oli Puhdasta Rakkautta Jumalan Sydämestä. Aloin tietoisesti kulkea Valon tietä, vaikka ymmärsin, että olin kulkenut sitä jo koko elämäni.

Niin me kaikki teemme. Mutta kun ihminen alkaa tietoisesti kulkea Valon tietä, Rakkaus alkaa vaikuttaa elämässä nopeammin ja vahvemmin.

Tämän kirjan Elämänohjeet kanavoi minulle Äiti Maria, Enkelten Kuningatar vain muutama kuukausi Enkelikurssin jälkeen pehmeän, hoivaavan ja valtavan voimakkaan rakkausenergian saatellessa sanoja. Tekstin sanamuotoa ei ole muutettu yhtään, siksi se on vähän erilaista lukea kuin aivan tavallinen ihmisen kirjoittama teksti.

Tämän kirjan tarkoitus on levittää sanomaa Ykseydestä eli Puhtaasta Rakkaudesta, joka tulee Jumalan sydämestä, sekä opettaa ihmisiä, miten nykypäivän ihmisenä Rakkauden antamista, Rakkauden vastaanottamista ja Rakkaudessa elämistä voisi harjoittaa jokaisena päivänä ja hetkenä. Maan päällä voi elää valon täyttämää elämää! Valinta on sinun.

Sinä olet Rakkaus!

Kirjan sisältö

Luku 1 Äiti Marian kanavoimat Osiot eli Elämänohjeet Ihmiskunnalle

Luku 2 Osioiden sisällön tarkastelua

Luku 1

Äiti Marian kanavoimat Osiot eli
Elämänohjeet Ihmiskunnalle

Nämä 10 osiota on kanavoitu meditaatioissa Äiti Marialta . Äiti Maria on tullut Shi Assin luokse ja kertonut viestinsä. Shi Assi on kirjoittanut ne muistiin.

Osio 1

Minä olen Äiti Maria ja minä sanon, että on aika pursuavan rakkauden levitä ihmisten keskuuteen. Se tarkoittaa, että ihmisten on hyvä kokoontua yhteen puhumaan hyviä asioita ja meditoida aina yhdessä. Rakkausenergia leviää niin. Sitten tulee tehdä konkreettisiakin rakkauden tekoja, kuten auttaa sairaita, yksinäisiä, masentuneita, yleisesti heitä, joita voit auttaa, ilman että itse omassa elämässäsi alat olla liian kiireinen, koska siitä seuraa taas huonoa. Kohtuus, mutta JOKIN teko, on tarkoitus!

Sitten ihmisten tulee olla rohkeita rakkaudessa! Olette arvokkaita. Älkää alistuko väärinkäyttöön toisten taholta, älkääkä vihan johdateltaviksi. Olkaa rohkeasti valon sanoman puolestapuhujia ja Rakastakaa avoimesti ja rohkeasti. Esimerkillänne tulee olemaan näin mullistava vaikutus maailmankaikkeuteen.

Sitten vielä, että opetus on, että RAKKAUS ON KAIKKI, RAKKAUS PARANTAA, HOITAA VALAISEE JA NOSTAA.

Rakastakaa, ihmiskunta! Tehkää rakkaudentekoja. Vain se vie Maailmankaikkeuden Valoisaan tulevaisuuteen. "

Osio 2

Nyt on aika sellaisen asian, että lähimmäiset yhtyvät tapaamisiin, joissa meditoidaan yhdessä. Nämä tilaisuudet ovat kauniita ja antavat energiaa elämäänne Maan päällä. Sitten sana leviää, mutta myös luottamus Valoon ja Rakkauteen, kun monet kokevat asioita yhtä aikaa. On tapahtuva, että maailma tarvitsee paljon valotyöntekijöitä, joiden johdolla Maapallo pelastuu. Tämä on tarkoitettu rakkaudelliseksi tukemiseksi ihmisille, jotka kokevat olevansa valotyöntekijöitä, mutta jotka eivät luota tarpeeksi intuitioonsa. Teitä tarvitaan, tulkaa luoksemme Valoon!

Me valon auttajat, lähettiläät, enkelit, oppaat, henget, keijut ja muut odotamme, että lähestytte meitä. Sitten voimme kertoa viestejämme ja auttaa, neuvoa ja tukea ja rakastaa teitä.

Osio 3

On tapahtuva, että ihmisten aistit avautuvat. Ihmiset alkavat enenevissä määrin kuulla ja nähdä meitä. Me alamme olla yhtä luontevia ihmisille kuin monina aikoina olemme olleetkin, esimerkiksi Atlantiksessa tai Egyptissä tai Intiassa ja Raamatun monissa tapahtumissa.

Kun tulemme luonnollisiksi, Maapallon energiat ovat jo hyvin korkeat. Tämä on kolmannen osion tärkein viesti. Tuoda tavoite ihmisille, mikä on Maapallon energiatason kohottaminen. Se kohoaa Rakkaudella. Meditoikaa, ajatelkaa, tuntekaa, kokekaa, lähettäkää Rakkaudellisia ajatuksia, tunteita ja tekoja. Hyvä leviää valtavalla nopeudella, siksi sitä kannattaa kylvää paljon. Koska myös muut tunteet tai ajatukset leviävät. Välttäkää siis rakkaudettomia ajatuksia ja tunteita. Kun tämä energiakohotus pääsee vauhtiin vielä enemmän, olemme hyvin lähellä pelastumista.

Osio 4

Minä tuon ihmisille lohtua ja hoivaa. Se on sitten niin, että lohtu leviää koko ihmiskuntaan ja on helpompi lähestyä meidän enkeleiden teitä ihmisiä, kun olette lohdussanne rakkaudellisia, stressittömiä ja vapaita peloistanne. Sitten hoiva leviää ihmiskuntaan niin, että jokainen halua hoivata toinen toistaan, itseään, eläimiä, luontoa ja asuinsijojaankin. Sitten lähestyy aika, joka on kerran ollut Atlantiksessa. Rakkaus on suurin. Nyt annan 5. osion. Se kuuluu näin:

Osio 5

Kun menette toistenne luo, niin kohdatkaa toisenne kuin kohtaisitte enkelin, kuten minut tai jonkun toisen enkelin. Tarkoitan, että olkaa rakkaudellisia ja armollisia ja niin kuin kiitollisuudella ottakaa ihminen huomioonne. Auttakaa häntä, jos voitte. Muistakaa, että me enkelit rakastamme huumoria. Eli leikki ja hassuttelu ja avarakatseisuus olisi osa enkelien kohtaamistakin. Muistakaa ne ominaisuudet sielläkin kohdatessanne toisianne. Ei tarvitse puolustautua tai olla varuillaan. Jakakaa tulvimalla rakkauttanne. Se leviää kohtaamaanne ihmiseen ja hänen kauttaan eteenpäin ja tulee teille takaisin moninkertaisena.

Osio 6

Nyt on niin, että kun te ihmiset olette päässeet tähän osioon, teillä on valmius ottaa vastaan seuraava tieto.

On tapahtuva, että kun ihmiskunta valveutuu ja herää harhoistaan ja oppii rakkauden avulla ohjaamaan käytöstään ja elämäänsä ja näin levittämään rakkautta niin TULEE UUSI AIKAKAUSI alkavaksi. Uuden aikakauden ulottuvuus on erilainen ihmiskunnalle verrattuna tähän hetkeen. Ihmiset pyrkivät enemmän rakkauteen kaikessa ja auttaminen tulee tärkeäksi.

Miten tämän voisi aloittaa nyt?

Kun saat jotain; anna osa siitä toiselle.

Kun omistat riittävästi, älä haali lisää, paitsi jos haalit sitä antaaksesi sen pois hyvään tarkoitukseen.

Kun saat onnen olon, levitä sitä vaikka kirjoittamalla jollekin kortti tai lähettämällä jollekin enkelienergiaa tai muuta parantavaa, kuten rakkaudellisia ajatuksia.

Kun tulet osalliseksi jostakin kunniasta, ole todella juuriasi myöten kiitollinen. Kunnia on rakkautta. Vastaanotathan rakkauden osoituksen siis.

Kun tuleekin hätä, luota, usko ja nojaa Rakkauden ominaisuuksiin, eli siihen tietoon ja rauhaan uppoudu, että RAKKAUS TODELLAKIN HOITAA, PARANTAA, JÄRJESTÄÄ KAIKEN.

Osio 7

Meditointi päivittäin kohottaa teidän ihmisten kykyä lähestyä meitä auttajia Valosta. Meditaatio on siis tämän 7. osion aihe.

Meditaatio on sisäisen jumaluutesi kohtaamista. Koska kaikissa ihmisissä on jumaluus ja jumaluus on yhtä alkulähteen kanssa. Meditaatio tuo sinut takaisin kotiin.

Kun palaat kehoosi, olet joka kerran jälkeen vähän puhtaampi, kirkkaampi ja muistat vähän enemmän sitä, kuka olet ja mitä sinun tulee seuraavaksi tehdä.

Meditaatio on Rakkaudessa kylpemistä ja sen voi tehdä lukuisin eri tavoin. Yksin tai ryhmässä. Sinun tapasi mukaan tai valmiin ohjelman mukaisesti. Kaikki on hyvää, kun se on tehty Rakkauden nimeen. Sitten voimakkuus lisääntyy ryhmässä, mutta ryhmämeditaatio ei ole välttämättömyys ihmisen mahdollisuudessa edetä pitkällekin henkisesti. Sitten tulee 8. osio:

Osio 8

On niin, että kun lapsia syntyy, he tulevat tänne Maahan mukanaan uutta energiaa, joka on hyvin hienovärähteistä. Maailma on jo muuttunut 30 vuoden ajan paljon. Seuraavat 30 vuotta ovat mullistavia. Ja jatko sen jälkeen on muutoksessa entistä nopeampaa. Lapset parantavat paljon sairauksia ja vanhoja ajatusmalleja. Opetus ja viesti ja sisältö siis kuuluu:

KOHTAA MAAILMAN LAPSET!

KOHTAA KAIKKI MAAILMAN LAPSET!

KUUNTELE
MIETI KUULEMAASI
PAINA SE MIELEESI
TEE SIITÄ KÄYTÖKSESI
USKO LASTA
IHMETTELE LAPSEN VIISAUTTA
NÄE LAPSEN SILMIN
ELÄ LAPSEN OHJEIN!

Kun opitte tämän, ei muuta enää tarvita maailman pelastumiseen ja Ykseyden tulemiseen.

Osio 9

Nyt on aika kohdata asia, joka on aika saada toteutumaan Maassa. Se asia on ARMO, jota te ihmiset saatte alkaa toteuttamaan kohdistaen sen ensinnäkin itseenne, mutta ehdottomasti myös toisiinne. ARMO on sitä, että Rakastaa, antaa anteeksi, hyväksyy, luopuu, hellittää ja arvioi lempeydellä ja hyvyydellä asioita. ARMO on riittämistä. Sinä riität! Kun armo leviää, on helpompi rakastaa ja olla yhteydessä henkimaailmaan ja ihmisiin Maan päällä. Hengetkin ovat Maan päällä mutta tarkoitan, että ihmisten, jotka ovat syntyneet fyysisiksi ihmisiksi, on helpompi kohdata myös toinen fyysinen ihminen, kun katselee häntä armollisin sydämin. Kokeilkaa jo tänään!

Kun kohtaat ihmisen, keskity hänen jumalallisuuteensa, eli sisimpäänsä, mikä on yhtä sinun itsesi kanssa. Sitten tulee aikoja kun se on vaikeaa, koska kohdattu ihminen saa aikaan sellaisia tunteita, että on vähän vaikeaa rakastaa suuresti heti takaisin. Mutta harjoitelkaa!

Sanokaa alkuun vaikka vain kerran, että: "Minä HALUAN rakastaa tätä ihmistä. Auttakaa minua, enkelit!"

Siten se helpottuu ja lopulta sen osaa ja se on onnellinen ja autuas tila.

Osio 10

"Kun ihmiset menettävät rohkeutensa ja sitten horjuvat, on asia, mikä auttaa rohkeuden palautumista ja vakaan tilan palautumista. Se on LUOTTAMUS! Luota itseesi: asiaan, asian hoitumiseen ja Jumalaan. Se riittää!

Ihmiset kuitenkin miettivät, miten PYSTYN luottamaan. Minä sanon, että luottamalla vaan. Se riittää! Opetelkaa luottamaan sydämellänne ja sielullanne ja siunaamaan Rakkaudella luottamuksenne. Tähän ei tarvita niin sanottua järkeilyä, päättelyä, arviointia tai muuta, mitä luulette. Ne vain estävät luottamuksen syntymistä.

Siis LUOTA, että asiat menevät haluamallasi tavalla tarkoitetusti. Mainitsen vielä, että jos joskus joku asia meneekin vähän eri tavoin, se on valintasi ennen syntymääsi ja niin paljon enemmän parhaaksesi sillä hetkellä, että korkein minäsi ohjaa tapahtumia toisin kuin egosi sillä hetkellä haluaa. Tämä ei kumoa viestiäni LUOTTAMUKSESTA!

Kun luotat Rakkaudellisesti Rakkaudelliseen tapahtumaan, se kyllä toteutuu!"

Luku 2

Osioiden sisällön tarkastelua

Jokainen osio sisältää pääopetuksen eli avainasian. Tämä asia on nostettu jokaisen eri osion otsikoksi tässä luvussa.

Jokaisen osion tarkastelun lopuksi on voimalause, jolla voit vahvistaa tätä asiaa esimerkiksi meditoidessasi tai päivän askareita tehdessäsi. Voimalauseita on hyvä käyttää myös tilanteissa, joissa et koe tiettyä asiaa ja tarvitset vahvistusta erityisesti siinä hetkessä siihen asiaan. Esimerkki: Jos koet olosi surkeaksi, huonoksi, arvottomaksi ja olet kovin levoton tai tunnet jopa itseinhoa, ala toistaa rauhallisesti itsellesi: "Minä olen Rakkaus!"

Osio 1 Rakkaus on kaikki. Rakkaus parantaa, hoitaa, valaisee ja nostaa

Rakkauden energiaa ja tietoa rakkauden olemuksesta halutaan levittää, koska se on vastaus kaikkiin ihmiskunnan ongelmiin! Pyyteettömän rakastamisen voi oppia ihan jokainen ihminen ja jokainen tulee myös huomaamaan, miten positiivinen vaikutus rakkauden energialla on hänen omaan elämäänsä, kuten myös hänen läheistensä elämään. Vastaa vihaan rakkaudella, vastaa suruun rakkaudella, valaise pimeys rakkaudella.

Ihmisiä kannustetaan kokoontumaan yhteen, jotta he huomaisivat, etteivät ole yksin uskonsa "parempaan huomiseen" kanssa. He saavat rohkeutta puhua asiansa puolesta yhä julkisemmin, avoimemmin tai enemmän. Tarvittaessa ihmiset saavat myös intoa ja varmuutta asiaansa. Ihmiset ovat vahvoja yhdessä.

Kun ihmiset, jotka haluavat levittää Rakkauden sanomaa, kokoontuvat, heihin itseensäkin ikään kuin tarttuu rakkautta paljon. Sen ihanuus tekee niin hyvän olon, että pelkästään näissä Rakkauden kokoontumisissa käyneiden ihmisten läsnäolo muualla aiheuttaa muissa ihmisissä hyvää oloa, mielen piristymistä, hyvien ajatusten syntymistä ja negatiivisuudesta pois haluamista.

Konkreettiset Rakkauden teot ovat tietenkin myös hyvin tärkeitä. Ihmisen tulee kuitenkin ottaa huomioon oma tilanteensa ja jaksamisensa. Kaikella on aikansa. Jos koet, ettet elämäntilanteessasi pysty nyt auttamaan, älä murehdi! Murehtiminen ei tuo itsellesi, eikä kenellekään rakkautta. Tulee toinen ajankohta tai sinulle suorastaan tuodaan tilanne, jolloin voit auttaa.

Miten voit esimerkiksi levittää Rakkautta:

-hymyile
-kuuntele
-hyväksy
-vastaa aina rakkaudella
-pysähdy
-kohtaa toinen
-tee toiselle, mitä haluaisit hänen tekevän itsellesi
-rakasta lähimmäistäni, kuten itseäsi

Kun haluaisit auttaa, muttet tiedä, miten, pyydä enkeleitä avuksesi. Voit tehdä sen esimerkiksi harjoituksen 1 ja 2 avulla s.46 ja 47.

Voimalause: "MINÄ OLEN RAKKAUS! SINÄ OLET RAKKAUS!"
27

Osio 2   Valotyöntekijät

Ihmisten arjessa on nykyään usein kiire. Kiire luo ihmiselle fyysisen ja emotionaalisen stressitilan. Se on useiden huonovointisuuksien, sairauksien ja ongelmien syy. Mutta elämän ei tarvitse olla kiireistä ja stressaantunutta! Jokainen ihminen voi tehdä muutoksen elämäänsä vaikka aivan heti. Tässä luvussa puhutaan valotyöntekijöistä. Valotyöntekijät ovat valon levittäjiä. Valo ilmenee esimerkiksi kauniilla ajatuksilla, rauhallisella ja rakkaudellisella suhtautumisella asioihin, auttamisena, hymyilynä, ystävällisyytenä, opettamalla hyviä asioita luennoimalla ja myös omalla esimerkillä.

Jos koet vetoa ryhmään, jossa meditoidaan tai opetellaan henkisiä asioita, se on sielusi kutsu ja sydämesi ohjausta. Kuuntele sitä ja mene mukaan.

Tulet löytämään itsesi. Monet ihmiset voivat huonosti, vaikka arki olisi päällisin puolin hyvin. Nykyajan ihmiset ovat kadottaneet henkisyytensä. Sitä aukkoa yritetään täyttää kaikella muulla, mutta se muu ei tule koskaan täyttämään sitä.

Kun löydät valon itsestäsi, se aukko täyttyy. Koet itsesi ehjäksi ja tasapainoiseksi. Olet niin onnellinen, että haluat sen onnen säilyvän ja tulet tekemään muutoksia elämässäsi, jotka edesauttavat sen onnen säilymistä.

Näin olet esimerkki myös muille ja saat aikaan iloa, lohdutusta ja toivoa. Sinusta tulee valotyöntekijä!

Miten voit poistaa tarpeettoman elämästäsi? Miten voit lisätä valoa elämääsi? Tee harjoitus 3 sivulla 48.

Voimalause: "ELÄMÄNI ON TÄYNNÄ VALOA!"

Osio 3   Maapallon   energiatason kohottaminen

Tämän osion tarkoitus on tukea ihmisiä auttamaan Maapallon energioiden nostoa. Ihmisiä muistutetaan heidän henkisistä voimistaan. Jokainen rakkauden ajatus ja teko luo valtavan määrän rakkautta maailmankaikkeuteen. Juuri rakkaus nostaa energiatasoa maapallolla! Ja jokainen rakkauden ajatus ja teko tulee sinulle itsellesi monin kerroin takaisin.

Kun Maapallon energiataso on korkealla, elämämme muuttuu! Elämme silloin ihan kokonaan uutta aikakautta!

Asia on kaikessa yksinkertaisuudessaan siinä. Lue tämä kappale vaikka uudelleen ja uudelleen ja meditoi sitä. Sinä olet rakkaus! Sinä osaat tehdä rakkauden tekoja!

Harjoitus 4, 5 ja 6 s.49 ja 50.

Voimalause: "MINÄ RAKASTAN!"

Osio 4   Lohtu ja hoiva

Ihmiset kokevat usein pelkoja. Pelot ovat pimeyttä. Ihmiset hakevat hukassa ollessaan ja hädissään lohtua esimerkiksi epäterveellisestä ruuasta, ylenpalttisesta ostamisesta, liiasta alkoholinkäytöstä, päivien täyttämisestä epäoleellisilla asioilla jne. Ihmisen elämään on aina kuulunut välillä varjoissa kävelyä. Mutta voit oppia kulkemaan valossa varjojenkin läpi.

Tämä tarkoittaa sitä, että jos elämääsi tulee vaikea tilanne, sinä pysyt rauhallisena ja vahvana ja selviydyt tilanteesta pysyen rakkaudellisena. Sinun ei tarvitse lähteä hakemaan rakkaudettomia asioita yrittääksesi helpottaa ahdistunutta oloasi. Kun olet rakkaudellinen, pystyt keskittymään. Keskittyneenä näet valon koko ajan sisälläsi, edessäsi, ylläsi, eikä mikään pysty lamaannuttamaan tai musertamaan sinua. Olet täynnä lohtua ja turvaa eli rakkautta.

Rakkauden löytää omasta sisimmästään ja sen löytämiseen voi pyytää apua enkeleiden valtakunnasta! Se mihin keskittyy, kasvaa. Kun keskityt pitämään itsestäsi ja muista huolta, rakkaus kasvaa. Rakkaus on valoa ja se poistaa pimeyttä. Kutsu Äiti Maria ja halutessasi muita enkeleitä ja pyydä lohtua ja turvaa itsellesi ja läheisillesi.

Peloista vapautuminen, turvallisuuden tunne ja tunne siitä, että olet rakastettu ja annat rakkautta, on erityisen tärkeää siksi, että se nostaa huomattavasti ihmisten värähtelytasoa. Tämä taas tarkoittaa sitä, että kommunikointi enkeleiden kanssa on helpompaa. Kuulet myös selkeämmin intuitiosi, mikä on sydämesi ääni ja jota kautta enkelit ja oppaat usein ohjaavat meitä ihmisiä. Täten intuition kuuleminen on hyvin tärkeää, jos haluat muutoksia elämääsi siihen suuntaan, mikä on itsellesi parasta! Intuitio kertoo sinun parhaasi!

Voit pyytää apua tähän asiaan esim. harjoitusten 7 ja 8 avulla s. 50 ja 51.

Voimalause: "MINÄ OLEN ARVOKAS!"

Osio 5   Huumori

Tässä osiossa kannustetaan ihmisiä rohkeasti luottamaan toisiin ihmisiin. Toisen ihmisen voi kohdata avoimesti ja antaa rakkauden virrata itsestään. Kun rakkautta jakaa, rakkaus kasvaa. Rakkaus tulee lähteestä, joka on ehtymätön.

Me ihmiset olemme tottuneet olemaan varautuneita. Silloin valmistaudumme koko ajan hyökkäykseen, joka ei ehkä tulekaan koskaan. Tai se hyökkäys voi tulla, koska luomme sen omilla peloillamme, eli kutsumme sitä luoksemme. Tämä on siis jatkuvassa pelkotilassa elämistä.

Kun tietää, ettei toinen ihminen ole uhka, on helppo rakastaa. Tähän osioon liittyy kuitenkin asia, että voit itse valita asiat ympärillesi. Jos joku asia, tilanne tai ihminen jatkuvasti kohtelee sinua rakkaudettomasti, sinulla on valinta poistua sen vaikutuksesta. Lähetä silti rakkautta siihen, mikä asia, tilanne tai ihminen onkaan kyseessä.

Tämän osion suosittelema huumorinkäyttö tarkoittaa asioihin kevyesti suhtautumista. Se ei ole välinpitämättömyyttä vaan virran mukana menemistä. Vastustus lisää negatiivisuutta, antautuminen elämän virran vietäväksi lisää positiivisuutta. Tässä yhteydessä virran vietäväksi antautuminen ei tarkoita sitä, että pitää vaihtaa suuntaa ympäristön vaateiden mukaisesti tai poukkoilla päämäärättömästi. Se tarkoittaa sitä, että kun elämä tuo meille vaikeita tilanteita, ne on tarkoitettu. Me opimme, kasvamme ja kehitymme. Kun hyväksyy jonkin hyvinkin haasteellisen asian syvällä sisimmässään, vaikka se vielä saisi aikaan voimakkaita vaikeasti käsiteltäviä tunteita, heti helpottaa. Se on antautumista elämälle, Jumalalle, Valolle! Niin kauan kuin vastustat, niin kauan on vaikeaa!

Tämän asian opiskeluun on tehty harjoitukset 9 ja 10 s. 52 ja 53.

Voimalause: "ELÄMÄ ON HAUSKAA!"

Osio 6 Uusi aikakausi

Uusi aikakausi on rakkaudellisempi ja onnellisempi kuin vanha aikakausi. Tärkeä sanoma tässä osiossa on jakaminen. Ihmisiä kannustetaan haluamisen, tarvitsemisen, haalimisen ja omistamisen sijaan suuntaamaan energiansa antamiseen ja jakamiseen. Se tuo rauhaa ja iloa. Toki ihmiset edelleen omistavat asioita ja on ihan sallittua haluta jotakin ja saada se. Näitä opetuksia ei pidä tulkita liian kirjaimellisesti. Tässä halutaan muistuttaa jakamisen ja antamisen tärkeydestä. Ihmisten elämäntilanteesta riippuu, mitä kukin voi antaa ja jakaa. Jokainen voi antaa ja jakaa jotain ja näin tuoda valtavasti valoa omaankin elämäänsä. Kun annat, saat.

Maapallo, Äiti Maa, Gaia, on elävä. Me Maan asukkaat olemme osa häntä. Joka ikinen ihminen vaikuttaa elämäänsä, muihin maapallon ihmisiin, eläimiin ja luontoon. Kun Maapallon energiat kohoavat, meidän on mahdollista elää toisenlaista aikaa. Se aika on täytetty rakkaudella! Annamme voimaa toisille ja saamme voimaa toisilta. Yhteys voimiin on luonnollista. Voimilla tarkoitetaan jumaluutta, rakkautta, enkeleitä, keijuja, henkiä, oppaita, mineraalimaailman henkiä, kasvimaailman henkiä, eläinmaailman henkiä, ylösnousseita mestareita jne.

Harjoitus 11 auttaa keksimään, mitä sinä voit antaa ja jakaa. Harjoitus 12 on maapallon energioiden kohotusseremonia, s.55 ja 56.

Voimalause: "MINÄ ANNAN JA SAAN!"

Osio 7   Meditaatio

Osion viesti on hyvin selkeä. Tarkastelua ei juurikaan tarvita, mutta ehkä pari lisäsanasta siitä, mitä meditaatio on. Meditaatio on selitettävissä monin tavoin riippuen kulttuurista ja päämäärästä, jolla meditaatiolla halutaan. Meditaatio on kuitenkin yleisesti hiljentymistä, rauhoittumista ja pysähtymistä. Meditaatio puhdistaa mieltä ja kehoa. Meditaation aikana ihmiset voivat saada yhteyden alkulähteeseen, korkeampaan minäänsä, oppaisiinsa, enkeleihin ja suuriin viisauksiin. Meditaatiossa ihminen voi kosketta omaa henkistä olemustaan. Meditaatiota sanotaan joskus mietiskelyksi. Joissakin meditaatioissa toistetaan jotakin sanaa tai ajatusta. Usein meditaation aikana aletaan mielen ensin tyhjennyttyä vastaanottaa viestejä maailmankaikkeudelta. Näitä asioita sitten mietiskellään meditaation aikana tai jälkeenpäin. Meditaatio lisää valoa ihmisen kehoon, mieleen ja elämään.

Meditaatio voi olla silmien sulkemista kotisohvalla, luonnon keskelle sulautumista kävelyretkellä, kotialttarin edessä harjoitusten tekemistä, ei ole yhtä oikeaa tapaa. Jos et ole aiemmin meditoinut, Harjoitus 13 s.59 antaa yksinkertaisen mallin siitä, miten voit aloittaa.

Voimalause: "MINÄ OLEN VALO!"

Osio 8   Lapset

Lasten kuunteleminen on tärkeää, koska he sanovat asioita, jotka haastavat meitä kasvattamaan rakkauttamme siinä, miten vastaanotamme tämän asian ja miten vastaamme siihen. Lapset pyytävät asioita ja aikuinen vastaa usein, "en ehdi". Lapset siis kutsuvat meitä hidastamaan, rentoutumaan, pysähtymään ja keskittymään oleelliseen. Lapset havaitsevat asioita ja tuodessaan ne asiat esiin, he antavat aikuiselle mahdollisuuden oppia, kehittyä ja kasvaa henkisesti. Joskus lapset voivat huonosti. Tämäkin on viesti aikuiselle. Miksi lapsi voi huonosti? Mitä asioita pitää muuttaa, jotta elinympäristö olisi terveellisempi henkisesti, emotionaalisesti ja fyysisesti?

Sanotaan, että aikuistenkin sisällä asuu lapsi, sisäinen lapsi. Tämän sisäisen lapsen huomioiminen on suurta itsestään huolehtimista. Sisäinen lapsemme kertoo usein sen, mitä tarvitsemme. Se voi olla rakkautta, rauhaa, lepoa, terveellisiä elämäntapoja, työpaikan vaihdos tms. Jos osaat kuunnella intuitiotasi, kuulet myös sisäisen lapsesi äänen. Haluat varmasti kuunnella sitä!

Osion kehotuksissa huomata lapsi ei tarkoiteta ilmiötä, joka on ollut valloillaan, jossa lapset määräävät kaiken ja saavat kaiken. Tässä tarkoitetaan sitä, että lapsi kohdataan henkisenä olentona täysin vertaisena aikuisen kanssa. Tällainen kohtaaminen sisältää kunnioitusta ja rakkautta. Harjoitus 14 s. 60 antaa vinkkejä, miten tätä asiaa voi harjoitella.

Voimalause: "KUULEN INTUITIONI!"

Osio 9   Armo

Armo tarkoittaa sitä, että yrittää ymmärtää toista tai itseään. Tuomitsemisen, hylkäämisen, halveksimisen, vihan, katkeruuden tai aliarvioinnin sijaan sinä opettelet ymmärtämään. Opettelet ymmärtämään sitä, että jokainen ihminen toimii parhaan ymmärtämyksensä mukaisesti. Sinun ei tarvitse pitää tämän toisen ihmisen sanoista, käytöksestä, elämäntavasta tai muusta, mutta sinä voit oppia ymmärtämään. Ymmärrys on rakkautta. Voit oppia ymmärtämään, että tämä ihminen ei osaa käyttäytyä rakkaudellisemmin. Hän ei osaa ajatella jotakin tiettyä näkökulmaa tai hän ei kykene olemaan tietynlainen. Kun ymmärrät sen, hyväksyt sen ja olet virran vietävänä. Tällöin et vastusta, vaan annat sen tulla – ja mennä! Tällöin sinun mielesi ei lähetä rakkaudettomia ajatuksia, eikä suusi lausu rakkaudettomia sanoja. Voit lähettää rakkautta tämän ihmisen sielulle ja pyytää tilanteeseen paranemista. Kun lähetät rakkautta, rakkaus kasvaa!

Armahda myös itsesi. Kun toimit tavalla, josta et pidä, pyydä itseltäsi anteeksi, anna itsellesi anteeksi ja kiitä itseäsi siitä, että annoit itsellesi anteeksi. Älä soimaa itseäsi, vaan kannusta parempaan huomiseen. Tiedä, että pystyt siihen! Muista, että armo on rakkautta ja rakkaus valaisee pimeyden!

Armon tuominen osaksi arkea on voimakas työväline rakkaudellisen maailman rakentamisessa. Voit harjoitella sitä harjoituksen 15 s.61 avulla.

Voimalause: "ANNAN ANTEEKSI!"

Osio 10 *Luottamus*

Tunnet suuren vapauden tunteen, kun uskallat päästää pelosta irti ja uskallat hypätä luottamuksen syliin! Luottamus elämään on luottamusta Jumalaan, Rakkauden Alkulähteeseen, Valoon, Pyhään Henkeen! Luotat, että Hän tietää. Luotat, että hän auttaa, hoitaa, järjestää, ohjaa, opastaa, neuvoo ja antaa merkkejä matkan varrella! Nämä merkit voivat olla voimakkaita tunteita jonkin ratkaisun suhteen, intuitioon luottamista ja sen suuntaan kulkemista. Merkit voivat olla oikeita ihmisiä, kirjoja, kursseja ja tapahtumia juuri oikeaan aikaan! Luottamus vapauttaa valtavan määrän valoenergiaa elämääsi!

Harjoitus 16 s. 63.

Voimalause: "MINÄ LUOTAN!"

LUKU 3

Harjoituksia

Kun teet meditaatioharjoituksia sekä pyydät enkeleiltä apua, saat apua, tapahtuu muutoksia ja jopa ihmeitä elämääsi, muistathan aina kiittää heitä! Voit sanoa esimerkiksi kolme kertaa: "Kiitos, kiitos, kiitos!" Tai omin sanoin kiittää juuri tiettyjä enkeleitä tietyllä tavalla. Sydämestä lähtevä kiitollisuus palkitsee sinut suuresti. Kun harjoittelet, sinulle muodostuu oma rutiini kiittää enkeleitä.

Vinkki: Voit haluta hankkia vihon, johon teet näitä harjoituksia ja kirjaat ylös ajatuksiasi, kokemuksiasi ja kaikkea oppimaasi matkallasi tämän kirjan viestien ja harjoitusten kanssa.

Lue ensin aina koko harjoitus. Siten voit valmistautua tehtävän tekemiseen hyvin. Sinulla on tarvikkeet valmiina ja olet sisäistänyt harjoituksen kulun

Äiti Marialta kanavoitu puhdistava meditaatio.

Voit vaikka nauhoittaa tämän ääneen lukien ja sitten kuunnella meditoidessasi. Jos olet ryhmässä, yksi voi lukea tämän muille. Voit myös lukea tätä meditaation aikana itseksesi pikkuhiljaa suoraan kirjasta. Tee tämä hyvin rauhalliseen tahtiin. Pidä taukoja lauseiden ja kappaleiden välillä. anna itsellesi paljon aikaa kokea rauha. Tässä on annettu sekä ohjeita, miten meditoida että meditaation sisältö.

"Sulje silmäsi, että voit paremmin aistia sisäisen Valosi. Hengitä syvään sisään ja ulos omaan tahtiisi viisi kertaa. (Odotusta. Rauhassa. Hengitys on tärkeää.)

Olet rauhassa. Olet turvassa. Sinun sisälläsi on Valo, joka valaisee sinut kokonaan. Tunne Valon leviäminen joka puolella kehoasi. Tunne, miten se kirkastaa itsesi. Se valaisee pimeimmätkin kohdat sinussa, että näet pian puhdistaa ne. (Aikaa.)

Sisälläsi on myös Rakkaus. Se on lähde, joka ei lopu tai tyhjene koskaan. Se on ehtymätön. Anna siis Rakkauden pursuilla koko kehoosi. (Aikaa.)

Muista, miten ihanalta tämä Rakkaudellisuus tuntuu. Voit koska tahansa palata tähän Rakkauskylpyyn, koska tämä Rakkaus on sinussa.

Kun joskus on tilanteita, jolloin aistit, että muut tarvitsevat saman ihanan rakkausaistimuksen ja hyötyisivät sen parantavasta suloisuudesta ja armollisuudesta, ajattele tämän henkilön tai asian saavan sitä rakkautta ja hän saa sen.

Palaa itseesi. Pyydä ihania enkeleitä nyt tulemaan luoksesi. Pyydä, keitä haluat, niine sanoine, kuin sinä haluat. Siihen on nyt aikaa.

Jos et tiedä, ketä pyytäisit, se ei haittaa. Juuri oikeat enkelit odottavat koko ajan vieressäsi, että saavat tulla luoksesi. Nyt, pyydä enkelit luoksesi. (Aikaa.)

Pyydä, että enkelit vievät mukanaan kaikki löytyneet, Valon paljastamat kohdat, jotka ovat asioita, joita et tarvitse enää. Se voi olla surua, vihaa, kateutta tai mitä tahansa muuta, mitä on raskasta kantaa, joten päästä se menemään, niin olosi kevenee ja Valosi kirkastuu. Et ehkä edes tiedosta, mitä se on SE voi olla pientä tai suurta. Enkelit vievät sen nyt mukanaan, kun yhdyt pyyntöön:

44

'Rakas enkelini, kiitos, kun viet tämän vaikean, turhan, raskaan asian pois minulta, että voin tuntea paremmin Valon, Rakkauden ja Ilon ja päästä lähemmäs itseäni, minun omaa sieluani.'

Kun sinut on nyt puhdistettu, kiitäthän enkeleitä. Rakkaat enkelini. Kiitän teitä siitä, että puhdistitte minut ja tulitte luokseni. Kiitos, kiitos, kiitos!

Voit pyytää enkeleitä astumaan vähän kauemmas, kunnes taas kohtaatte. Venyttele kehoasi ja voit avata silmäsi, kun olet valmis.

Harjoitus 1. Pyydän enkeleitä auttamaan minua

1. Valitse rauhallinen hetki ja hieman aikaa.
2. Valitse paikka, jossa sinun on mukava olla.
3. Jos sinulla ei ole vakituista meditaatiopaikka tai enkelialttaria, voit luoda sellaisen esimerkiksi sytyttämällä kynttilän. Voit tuoda paikalle myös kukkia, viherkasvin, kauniin kiven, simpukan tai esimerkiksi kauniin kuvan.
4. Hiljenny ja sulje silmäsi. Hengitä syvään muutaman kerran. Kuvittele valojuuret itsestäsi Äiti Maan ytimeen. Pyydä Arkkienkeli Mikael luoksesi tuomaan voimakasta suojelusta meditaatiosi ajaksi. Voit tehdä nämä vain mielessäsi kuvittelemalla ja mielessäsi pyytämällä.
5. Kutsu luoksesi omat suojelusenkelisi ja oppaasi mielessäsi tai ääneen pyytämällä. Odota rauhassa hetki. Kutsu myös Arkkienkeli Gabriel, joka on opastuksen enkeli. Pyydä mielessäsi apua itsellesi juuri tähän hetkeen, miten voit auttaa lähimmäisiäsi tässä ajassa nyt. Kuuntele. Voit saada viestit ajatuksina, kuulla ne sanoina tai vain tuntea ja tietää yhtäkkiä, mitä tulee tehdä. Voit myös kokea tarpeen kirjoittaa tulevan viestin tai nähdä viestin kuvina tai sanoina. Ole täysin avoin tavalle, jolla enkelit kommunikoivat juuri sinun kanssasi.

6. Mene ja ilahduta lähimmäisiäsi tavalla, millä enkelit sinua auttoivat näkemään!

Enkelten viestit ovat puhdasta rakkautta ja saavat aikaan vain iloa!

Harjoitus 2. Pohdintaa siitä, mitä rakkaus on tekoina

Tarvitset kynän ja paperia. Voit levittää rakkautta esimerkiksi alla mainituilla asioilla. Pohdi kunkin kohdalla erikseen, milloin voit toimia niin. Minkälaisissa tilanteissa se on helppoa, minkälaisissa haasteellisempaa? Mitä nämä asiat tarkoittavat? Kirjoita muistivihkoosi vastauksia. Tämä selkeyttää ja jäsentää itsellesi rakkauden tekojen sisältöä.

-hymyile
-kuuntele
-hyväksy
-vastaa aina rakkaudella
-pysähdy
-kohtaa toinen
-tee toiselle, mitä haluaisit hänen tekevän itsellesi
-rakasta lähimmäistäni, kuten itseäsi

Harjoitus 3. Kutsun luokseni valon, rakkauden ja ilon

1. Tarvitset kynän ja paperia.

2. Valmista rauhallinen tila, hetki ja mahdollisesti alttari, kuten harjoituksessa 1. Rauhoitu, rentoudu ja kutsu enkelit paikalle omalla tyylilläsi. Pyydä heiltä ohjausta tämän harjoituksen tekemiseen. Kutsu ainakin Arkkienkeli Jeremiel luoksesi, koska hän on erikoistunut elämänmuutoksiin.

3. Tee lista asioista, jotka saavat sinut iloiseksi, innostuneeksi, onnelliseksi ja rauhalliseksi ja muista asioista, jotka saavat sinut tuntemaan olosi tasapainoiseksi. Tämä auttaa sinua tunnistamaan asiat, joista pidät ja joita tarvitset elämääsi.

4. Tee toinen lista asioista, jotka saavat sinut ahdistumaan, suremaan, järkyttymään tai muuten pois tasapainostasi. Tämä auttaa sinua näkemään, mitä asioita elämässäsi oikeastaan on, mitkä eivät palvele sinun parastasi.

5. Tee suunnitelma, jonka avulla alat lisätä hyviä asioita arkeesi ja poistamaan vahingollisia asioita.

6. Lue suunnitelmasi mielessäsi tai ääneen ja pyydä enkeleitä tuomaan ne asiat sinulle. Pyydä heitä auttamaan saavuttamaan ne asiat elämääsi. Lue myös positiivisten asioiden lista ja pyydä enkeleitä kasvattamaan niitä arjessasi.

7. Polta tai revi lista, jossa on asiat, joita et enää tarvitse ja pyydä niitä häviämään elämästäsi ja muuttumaan valoksi!

Kiitä enkeleitä!

Harjoitus 4. Kauniit ajatukset

Lähetä rakkautta ajatuksin. Esimerkiksi näin: "Annan anteeksi." "Minä rakastan sinua äiti!" "Minä toivon sinulle hyvää onnea työhaastattelussa, veljeni!" jne. "Lähetän itselleni rauhaa levottomaan olooni!"

Harjoitus 5. Enkelit tekevät rakkauden tekoja kanssani

Kutsu enkelit luoksesi pyytämällä esimerkiksi näin: "Rakas oma suojelusenkelini, pyydän, että tuot rakkautta ja rauhaa ja ymmärrystä minulle ja pojalleni tähän ristiriitatilanteeseen!"

"Rakkaat parantamisen enkelit! Kutsun teitä luokseni ja pyydän, että menette hoitamaan pientä kummipoikaani ja teette ihmeitä!" Ja kiitokset enkeleille!

Voit pyytää esimerkiksi Arkkienkeli Samuelia tai Arkkienkeli Rafaelia viemään nämä viestit perille.

Harjoitus 6. Rakkauden tekojen päivä

Muistuta itseäsi aamulla, että tänä päivänä teen rakkauden tekoja jokaiselle kohtaamalleni ihmiselle. Voit esimerkiksi tarjota teetä työtoverillesi, hymyillä leveästi jokaiselle vastaantulijalle, kiittää sydämestäsi kaupan kassalla, pitää ovea auki toiselle ihmiselle jne. Voit keskittyä puhumaan erityisen kauniisti ja ystävällisesti jokaiselle ihmiselle, jonka kohtaat sinä päivänä. Puhuthan mielessäsi kauniisti myös itsellesi. Nämä ovat aivan arkisia asioita, mutta juuri niistä onkin kyse! Keksi itse paljon lisää! Pyydä Arkkienkeli Haniel auttamaan sinua keksimään rakkauden tekoja.

Harjoitus 7. Hoivaan itseäni

Järjestä kalenteristasi aikaa itsellesi. Hoivaa itseäsi esimerkiksi tekemällä itsellesi hemmottelupäivä. Peseydy, laita vaikka vartalovoidetta (olet sitten mies tai nainen), pukeudu kauniisti ja sano itsellesi kauniita asioita, kuten "Minä rakastan itseäni!" "Minä olen arvokas!" "Minä olen tärkeä!" jne.

50

Valmista itsellesi terveellinen ateria ja nauti se kauniisti katetusta pöydästä. Lue lempikirjaasi tai katso lempielokuvasi ja nauti sydämesi kyllyydestä joka hetki.

Voit tehdä samantyyppisen harjoituksen läheisillesi tai perheellesi.

Harjoitus 8. Irti stressistä

Vapauta itsesi stressin tunteesta.

*Opettele sanomaan itsellesi, että "Minulla on aikaa!" "Minä ehdin tehdä kaiken mitä haluan!" "Elämä on ihanaa ja täynnä mahdollisuuksia!"
*Pysähdy, jos olo on sekava. Sulje silmät ja hengitä rauhallisesti vaikka 10 kertaa.
*Opettele karsimaan epäoleelliset asiat elämästäsi, toisin sanoen, opettele sanomaan ei asioille. Sinulla on oikeus siihen!

Harjoitus 8 a.: Ota kynä ja paperia. Leikkaa paperista lappusia. Kirjoita positiivisia ja keveitä voimasanoja ja voimalauseita, jotka muistuttavat sinua iloisista ja rauhaisista asioista elämässäsi. Koristele ne halutessasi. Kiinnitä näitä joka puolelle kotiasi, kukkaroosi, työpaikallesi, autoosi, niin että näet niitä joka päivä.
Harjoitus 8 b.: Kun huomaat olosi olevan stressaantunut, hengitä syvään muutaman kerran.

Sano mielessäsi joku lempivoimalauseesi. Palaa hetkeen sen rauhan täyttämän tunteen kanssa. Tee valintasi pohjautuen tähän rauhalliseen ja rakkaudelliseen tunteeseen. Älä tee ratkaisuja kiireessä ja ahdistuksessa.

Harjoitus 9. Kepeys jokaiseen hetkeen

Esimerkkitilanteita, jolloin voit harjoitella kepeyttä, mikä on jälleen yksi rakkaudellisen ajatustavan ja käytöstavan muoto.

*Kun sinun pitää odottaa jotakin ja olet kärsimätön, ajattele: "Kaikella on tarkoituksensa ja aikansa. Milloinkahan on tämän asian aika? No oikeastaan... kylläpäs on kiva ja suorastaan jännittävä odottaa oikeaa aikaa!"

*Kun joku ihmisen käytös ärsyttää sinua, ajattele: "Minäpä nyt kiehun kuin perunakattila, laitanpa levyn vähän pienemmälle ja päästän höyryt ulos. Lähetänpä hänellekin tätä hyvää oloa ja koko tilanteeseen valoa ja rakkautta. Jos hän vielä joskus yrittää kiehuttaa ympäristöään, minä kyllä pysyn tyynenä. Antaa hänen kiehua omat kiukkunsa."

*Kun kuulet itsestäsi asioita, joita et ole valmis kuulemaan, mutta sisimmässäsi tiedät asian olevan totta, voit yrittää hymyillä tai nauraa itsellesi ja sanoa esimerkiksi että "Olenpas minä ollut puolustuskannalla. Mutta nyt kyllä lähden eteenpäin kehityksessäni. Minä mietin nyt näitä asioita ja opin uudet käytöstavat."

Harjoituksen ydin on siinä, että opit arjessa keksimään mitä hauskempia ja rakkaudellisempia ajatuksia tilanteissa, joissa ennen masennuit, ahdistuit, suutuit, raivostuit tai menit pois tolaltasi. Pian huomaat, ettet enää juurikaan tunne näitä negatiivisia tunteita. Vaikka ulkona myrskyää, sinun sisälläsi on rauhan tyyssija.

Enkeleistä voit pyytää esimerkiksi Arkkienkeli Zadkielia, joka auttaa erityisesti emotionaalisessa ja fyysisessä paranemisessa, hyväntahtoisuudessa, myötätunnossa ja anteeksiantamisessa.

Harjoitus 10. Luotan elämän virtaan ja taivaalliseen ohjaukseen

Virran vietäväksi avautuminen ja virtaan luottaminen.

Kun joku tilanne tai asia tulee elämääsi, jota et haluaisi, hyväksy se kaikesta huolimatta! Kiitä, että se tuli opettamaan sinulle jotakin. Sitten päästä irti. Anna sen tulla –ja ennen kaikkea anna sen sitten mennä! Niin kauan kuin vastustat, se asia pysyy. Kun hyväksyt sen ja päästät irti, se ei enää vaivaa sinua.

Voit vahvistua tässä esim. säännöllisellä meditoinnilla aiheesta. Luo itsestäsi sellainen, että osaat mennä virran mukana ja antaa asioiden virrata elämääsi ja aikanaan pois elämästäsi.

Voit meditoida esim. näin:
Luo puitteet, kuten harjoituksessa 1. neuvottiin. Kutsu ainakin Arkkienkeli Mikael paikalle. Voit pyytää asiaa omin sanoin, mutta tässä malli, miten se voisi esimerkiksi kuulua, kun olet rauhoittunut ja meditaatiossa kosketuksissa valoon:

"Rakkaat enkelit. Kiitän siitä, että minua opetetaan. Viisastun ja valoni kasvaa. Voin tulla rakkaudellisemmaksi ja levittää enemmän valoa. Pyydän, että osaan ottaa elämän tarjoamat haasteellisemmat asiat rauhallisesti vastaan ja näkemään niiden tuoman opin. Pyydän että sen jälkeen asia ei pysy enää elämässäni, vaan vapaudun sellaisen asian taakasta. Kutsun luokseni puhdasta valoa ja rakkautta ja pyydän, että elämäni täyttyy niistä. Kiitos, että näin tapahtuu!"

Tämän tyyppinen säännöllinen meditaatio tulee muuttamaan sinut ihmiseksi, joka osaa mennä virran mukana. Keksi itse sopivat sanat omaan meditaatioosi. Voit olla hyvin yksityiskohtainen, jos joku tilanne on juuri meneillään. Voit olla suurpiirteisempi sanoissasi, kun elämäsi on valon täyttämää ja haluat sen pysyvän ja kasvavan.

Harjoitus 11. Opettelen antamaan

Ota kynä ja paperia. Tee pitkä lista siitä, mitä voit antaa. Voit lähteä alkuun vaikka tästä:
-aika
-apu
-vanhat vaatteet ja esineet keräyksiin
-

Tee pitkä lista siitä, mitä voit jakaa. Aloita vaikka tästä:
-tieto
-rakkaus
-ymmärrys
-

Kun Sinun listasi ovat valmiit, valitse 3 asiaa molemmista listoista, jotka toteutat. Tee suunnitelma, missä, milloin, kenelle autat ja jaat. Ryhdy toimeen! Voit tehdä antamisesta ja jakamisesta pikkuhiljaa tavan. Jos huomaat ajan kuluessa, että voit antaa ja jakaa enemmänkin, tee tämä harjoitus uudelleen. Keksi uusia asioita ja valitse vaikka 5 asiaa molemmista listoista. Voit tehdä tämän myös enkeleiden kanssa. Kutsu silloin paikalle ainakin joku seuraavista arkkienkeleistä tai vaikka kaikki: Haniel, Mikael, Raquel. Samuel tai Zadkiel.

Harjoitus 12. Maapallon energioiden kohottamisseremonia

Tarvitset 4 pientä astiaa, kynttilän, maata, vettä ja sulan. Sulan voi korvata siitepölyllä, kukalla tai maissijauholla. Tarvitset ametistin tai kiven, josta löytyy violetin sävyä.

1. Etsi rauhallinen paikka mielellään ulkona, mutta harjoituksen voi tehdä myös sisällä.
2. Laita yhteen astioista vähän vettä ja aseta se etelään. (Voit käyttää kompassia apunasi. Jos et löydä ilmansuuntia, siitä ei tule ongelmaa. Omista sitten yksi suunta etelälle mielessäsi. Tee näin muidenkin ilmansuuntien kohdalla.)
3. Laita yhteen astioista maata ja aseta se länteen. Laita yhteen sulka (tai joku muu ilmaa symboloiva elementti) ja aseta se pohjoiseen. Laita yhteen astiaan kynttilä ja sytytä se. Aseta se itään. Ringin tulee olla niin iso, että mahdut istumaan tai seisomaan sen keskelle.
4. Aseta ametisti tai violetin sävyinen kivi keskelle, lähelle itseäsi. Voit myös pitää sitä kädessäsi.
5. Jos sinulla on rumpu, voit rummuttaa. Jos haluat laulaa, laula. Jos haluat tanssia, tanssi. Tarkoitus on

56

saada yhteys Äiti Maahan ja lähettää Hänelle Valoa! Voit aloittaa yhteyden sulkemalla silmäsi ja hengittämällä syvään. Kuvittele, että olet osa Äiti Maata. Kutsu paikalle henget veden, mineraalien, ilman, tulen ja henkien maailmasta. Kiitä Äiti Maata kaikesta, mitä se sinulle antaa. Sen jälkeen lähetä Äiti Maalle rakkautta, valoa, puhtautta, korkeita energioita ja kohoamista! Tämä vaihe voi kestää vaikka 2 tuntia. Se voi toki kestää myös vain esimerkiksi 20 minuuttia. On tarkoitus, että annat seremonialle aikaa. Seremonian kulku on yhdistelmä intuitiosi noudattamista ja henkien kuulemista.

6. Kun tunnet, että olet valmis, kiitä apulaisiasi eri valtakunnista. Lopeta seremonia antamalla lahja Äiti Maalle. Se voi olla höyhen, kukka, kivi, hius, sylkeä tms. Sammuta kynttilä ja lähetä sen valo itsellesi ja Äiti Maalle!

Tässä vielä esimerkki siitä, miten voi aloittaa henkien kutsumisen, jos satut olemaan aloittelija ja vähän neuvoton sen asian suhteen.

"Rakas Jumala, Pyhä Henki, Universaalin pyyteettömän Rakkauden lähde, kutsun sinua luokseni! Sinä olet minussa ja minä olen sinussa! Vetten Voimat! Kutsun teitä luokseni! Kutsun luokseni valtamerien, järvien, jokien, vesiputouksien, purojen ja kaikkien vesien haltijat ja henget. Tulkaa luokseni ja antakaa minun kiittää teitä ja lähettää teille valoa! Vesien eläimet, tulkaa luokseni opettamaan minua ja täyttämään itsenne valolla! Vesien kasvit, lähettäkää henkenne luokseni opettamaan minua ja täyttämään itsenne valolla! Kiitos, kiitos, kiitos! "

Tämän tyyppisesti voit kutsua loputkin voimat.

Voit lähettää Valoa esimerkiksi näin: "Pyydän, että Maapallo täytyy puhtaasta rakkaudesta, kirkkaimmasta valosta alkulähteestä! Pyydän, että maapallo on puhdas, kirkas, rakkauden täyttämä ja se sykkii onnea ja iloa itselleen ja kaikille asukkailleen. Kiitos, kiitos, kiitos!"

Vaikka tässä harjoituksessa keskitytään Äiti Maan energioiden nostamiseen, sinä saat todennäköisesti myös itsellesi viestiä ja opastusta siihen, miten omat energiasi kohoavat ja näin vaikuttavat myös Maan energioiden kohoamiseen. Kuuntele opastusta ja kirjoita kaikki muistiin. Vaikka joku tuntuisi oudolta siinä hetkessä, kirjoita se juuri niin kuin sen kuulet. Voit ymmärtää sen esimerkiksi viikon kuluttua tai parin kuukauden kuluttua.

Harjoitus 13. Meditaatioharjoitus

Perus meditaatioharjoitus aloittelijalle.

1. Varmista, että sinulla on mahdollisuus olla yksin. Voit ottaa jopa puhelimen pois päältä.
2. Kerää muutama esine luomaan tunnelmaa ja vahvistamaan hyviä energioita. Ota ainakin kynttilä. Tämän lisäksi voit ottaa vaikka liinan, jolle asetat kynttilän, tyynyn, jolla istut (voit istua myös tuolilla tai sängyllä) ja jotakin kaunista, kuten kukan, kiven, taulun, kuvan tai kristallin. Voit myös laittaa kaunista rentoutusmusiikkia soimaan.

Kolme esimerkkitapaa opetella meditaatiota.

3a. Istu mukavasti. Sulje silmät. Hengitä hyvin rauhallisesti ja syvään muutaman kerran. Keskity siihen, että kehosi rentoutuu ja mielesi tyhjenee. Saavutat tilan ja tunteen, jossa ympäristö häviää. Voit viipyä siellä niin kauan kuin tuntuu hyvältä (aluksi maltat ehkä viipyä vain 5-10 minuuttia, myöhemmin tunti vierähtää silmänräpäyksessä). Sitten kun palaat takaisin kehoosi, voit avata silmät, venytellä jäseniäsi ja istua paikallasi vielä hetken.

3b. Samat esivalmistelut. Voit silmien sulkemisen sijaan katsella kynttilän liekkiä. Anna mielesi samalla tavalla tyhjentyä.

3c. Voit toistaa meditaatiossa jotakin sanaa tai lausetta hyvin rauhalliseen tahtiin, esimerkiksi: "Minä olen Rakkaus!" tai "Rakkaus on kaikki!" tai "Elämän on ihanaa!" jne. Voit myös toistaa jotakin rukousta tai lempiajatustasi.

Harjoitus 14. Opin lapselta

Lapsilta voi oppia lukuisia asioita. Tässä kaksi esimerkkiä siitä, mitä lapselta oppiminen voi tarkoittaa. Nämä harjoitukset voi tehdä kenen tahansa lapsen avulla. Lapsi voi olla omasi, sukulaisesi, ystäväsi, kummilapsesi, tuttavasi tai täysin vieras. Odota, että tulee tilanne, jolloin lapsi haluaa jotakin sinulta. Tarkkaile, miten automaattisesti reagoit siihen. Miten voisit reagoida rakkaudellisemmin?

a. Esimerkiksi, jos vaikka teet juuri omaa työtäsi ja lapsi pyytää kävelylle, ärtyneen tiuskaisun sijaan voit keskeyttää lukemisen hetkeksi ja sanoa kauniisti, keskittyen lapseen: "Minä teen nyt tätä tärkeää työtä. Pyörän kumi on paikattava, jotta voin taas pyöräillä. Minä tulen kanssasi kävelylle mielelläni, kun tämä työ on tehty."

b. Katso miten lapsi elää. Lapsi kuuntelee itseään. Kun häntä väsyttää, hän lepää hetken. Aikuinen usein ajattelee, ettei ehdi lepäämään, kun työtä on niin paljon. Lepo on kuitenkin äärettömän tärkeää ihmisen hyvinvoinnille. Lapsi on avoin, utelias, vilpitön. Lapsi toimii usein vaistojensa ja tunteidensa mukaan. Tässä harjoituksessa sinua kehotetaan kuuntelemaan itseäsi ja antamaan oikeutetusti ilman syyllisyyden tunnetta antamaan ja ottamaan itsellesi asioita, joita tunnet tarvitsevasi. Tee tämä harjoitus niin, että valitset päivän tai esimerkiksi viikonlopun, jolloin tavoitteesi on kuunnella itseäsi koko ajan. Tarkoitus on kuitenkin elää normaalia arkea. Tee ruoka, siivoa, mene töihin tai tee muu normaali asia. Mutta jos kuulet kutsun ulkoilemaan, älä ajattele, ettet viitsi mennä, kun sää on huono tai ei ole aikaa. Mene ulos! Jos kehosi on väsynyt, mene hetkeksi lepäämään, vaikka jokin asia olisi kesken. 10 minuuttia voi riittää. Jos kuulet sisimpäsi pyytävän terveellistä ruokaa, kirjoittamaan kirjeen, soittavan instrumenttia, tanssivan, hakemaan kirjastosta erityisalan kirjan, vaihtamaan ammattia jne., tee se! Opi kuuntelemaan intuitiotasi ja toimimaan sen mukaisesti. Intuitio on opastusta henkimaailmasta!

Harjoitus 15. Annan anteeksi

Jos sinulla ei ole nyt ihmissuhdetta, jonka kanssa voisit harjoitella tätä, odota, että tilanne ilmaantuu. Muista silloin tämä harjoitus.

1. Valmistele rauhallinen hetki ja tila itsellesi. Kuvittele eteesi ihminen, jonka kanssa sinulla on

riita, erimielisyys tai jokin ikävä tilanne. Kuvittele, että hän teki parhaansa. Kuvittele, että hän ei sen parempaan pysty nyt. Hän ei ole alempiarvoinen ihminen kuin sinä, mutta hänen käytöksensä voi olla rakkaudettomampaa, koska hän ei ole vielä oppinut. Lähetä hänelle valtava määrä enkeleitä puhdistamaan hänen energioitaan niin, että hän voi alkaa toimia toisin tulevaisuudessa.

2. Lähetä sitten enkeleitä ja valoa myös ristiriitatilanteeseen. Voit pyytää ainakin Arkkienkeli Raguelin ja Arkkienkeli Samuelin mukaan.

3. Pyydä apua tulevaisuuteen. Pyydä, mitä haluat, kuten esimerkiksi, että sinä voit antaa anteeksi tälle ihmiselle ja että hän antaa sinulle anteeksi. Pyydä, että kuin ihme, tilanne häviää ja korjaantuu ja täyttyy rakkaudella! Muista, että maailmankaikkeuden keinot voivat olla erilaiset kuin sinun mielessäsi ne ovat. Eli välttämättä sinusta ja henkilöstä ei tule hyviä ystäviä, mutta tämä henkilö esimerkiksi muuttaa kauas, jolloin sinun ei tarvitse enää kohdata näitä tilanteita. Tai suureksi yllätykseksesi tämä henkilö pyytää anteeksi, vaikka sinä olit toivonut hänen vaihtavan työpaikkaa.

Harjoitus 16. Päästän irti peloista ja opin luottamaan

Tarvitset paperia ja värikyniä, tusseja tai maaleja. (Halutessasi myös musiikkia.)

Kun sinulla on rauhallinen hetki ja vähän aikaa, sytytä kynttilä ja laita halutessasi musiikki soimaan. Istu alas ja mieti, mikä asia on sellainen, jota sinä pelkäät. Pyydä avuksesi Arkkienkeli Mikael, Uriel, Haniel, Gabriel ja Zadkiel. Saat heiltä opastusta, rohkeutta, rauhaa, ratkaisuja, muutosvoimaa, iloa ja kestävyyttä. Pelkäätkö esimerkiksi sisäistä ääntäsi? Kuulet, mitä se kertoo, mutta suljet korvasi? Vai pelkäätkö jotakin tiettyä asiaa, tilannetta, ihmisryhmää? Mitä haluaisit tehdä sydämesi pohjasta, muttet uskalla?

Kun sinulle alkaa tulla selvä viesti siitä, MIKÄ se asia on, kirjoita se paperille. Se konkretisoituu, kun näet sen! Piirrä ja väritä (tai maalaa) pelon tunteesi. Muista, ettei tämä ole taideopiston pääsykoe, vaan itsetutkiskelun ja itseopiskelun hetki! Kuva voi esittää jotain tai olla täysin abstrakti!

Kun se on valmis, piirrä ja maalaa itsesi ulos siitä tunteesta ja asiasta! Miltä näyttää luottamus ja vapaus? Minkä väristä se on? Piirrä ja väritä (tai Maalaa).

Olet muuttunut!

Tee ensimmäinen konkreettinen teko uutena itsenäsi kohti luottavaista elämää niin pian, kun voit. Asiastasi riippuu, onko se jo tänään tai huomenna vai ensi viikolla, mutta toimi! Sinulla on kaikki, mitä siihen tarvitaan! Sinä olet rakkaus!

Voimalauseet koottuna yhteen

MINÄ OLEN RAKKAUS, SINÄ OLET RAKKAUS!

ELÄMÄNI ON TÄYNNÄ VALOA!

MINÄ RAKASTAN!

MINÄ OLEN ARVOKAS!

ELÄMÄNI ON HAUSKAA!

MINÄ ANNAN JA SAAN!

MINÄ OLEN VALO!

KUULEN INTUITIONI!

ANNAN ANTEEKSI!

MINÄLUOTAN!

Lista Arkkienkeleistä erityisaloineen

Enkeleitä voi aina kutsua auttamaan ihan yleisesti. Enkeleillä on kuitenkin ikään kuin erikoisaloja, joilla he auttavat. Tässä on lista asioista, joihin ihminen usein tarvitsee apua. Apua voi tarvita joko sen asian poistamisen suhteen (esim. ahdistus) tai sen asian lisäämisen suhteen (esim. ilo) Asian lopussa on mainittu siinä asiassa auttamiseen erityisesti soveltuva Arkkienkeli. Voit pyytää enkeleitä johonkin asiaan myös intuitiosi mukaan. Tämä lista on suuntaa antava ja alkuun auttava.

addiktiot	Raphael
ahdistus	Rafael, Zadkiel
anteeksianto	Samuel, Zadkiel
armo	Haniel, Jeremiel, Zadkiel
avuttomuus	Mikael
elinvoimaa	Mikael
eläimet	Ariel
elämäntarkoitus	Mikael
empatia	Samuel
epävarmuus	Haniel, Mikael
etsiminen	Samuel, Zadkiel

henkinen kehitys	Metatron,Mikael
hoivaaminen	Gabriel
huumori	Haniel
ihmeet	Ariel, Raziel
ihmissuhteet	Samuel
ilo	Zadkiel
inspiraatio	Jeremiel
intohimo	Haniel
intuitio	Zadkiel, Uriel
itsevarmuus	Haniel, Mikael
johtajuus	Gabriel
järjestys	Metatron, Raquel
kauneus	Gabriel, Jophiel
kateus	Gabriel
keskittyminen	Metatron, Samuel
kestävyys	Mikael
kirjoittaminen	Gabriel, Metatron
kokeet (testit)	Uriel
kommunikointi	Mikael
lapset	Gabriel, Metatron
lempeys	Samuel, Sandalphon
liikunta	Rafael
lohtu	Azrael
luonto	Ariel
luovuus	Gabriel
masennus	Uriel, Rafael, Zadkiel
maskuliinisuus	Gabriel, Mikael
matkustaminen	Rafael
meditaatio	Raziel, Sandalphon
muutos	Jeremiel, Uriel, Zadkiel
myötätuntoisuus	Zadkiel

naisellisuus	Haniel
ongelman ratkaisu	Haniel, Uriel
opastus	Azrael, Gabriel
opettaminen	Uriel
opiskelu, oppiminen	Jofiel, Zadkiel
parantaminen	Rafael
peloista vapautuminen	Rafael
puhdistaminen	Gabriel
puoliso	Samuel
puolustaminen	Raquel
rakkaus	Samuel
rauha	Sandalphon, Uriel
rauhoittuminen	Jophiel, Samuel
rehellisyys	Raquel
rentoutuminen	Jophiel
riidat	Raquel
riippuvaisuudet	Raphael
rohkeus	Ariel, Mikael
rukous	Sandalphon
runsaus	Ariel
sekavuus	Gabriel
selkeys	Gabriel
sisäinen katse	Rafael
sitoutuminen	Mikael
suojelu	Mikael
suru	Azrael
suunta elämässä	Mikael
taiteilijat	Gabriel, Jophiel
tasapaino	Raquel
terveellinen ravinto	Rafael
terveys	Rafael

uravalinta	Samuel
uudistuminen	Jeremiel
vahvuus	Mikael
valaistuminen	Jofiel
vanhemmuus	Gabriel
vapautuminen	Mikael
viestintä	Gabriel
viha	Samuel
viisaus	Jeremiel, Jofiel
voima	Mikael
yhteistyö	Raquel
ymmärtäminen	Uriel, Raziel
ystävyyssuhteet	Samuel
älykkyys	Uriel

Muistiinpanoja:

BioforceCenter association ry:n
aiemmin julkaisemat tuotteet

Karmen Shi Englan

Rakkauden kultainen tie
Äiti Marian opetuksia osa I

Rakkauden kultainen tie
Karmen Shi Englan

Tämä kirja on kirjoitettu kanavoimalla suojelusenkeliämme Äiti Mariaa. Ja on niin, että tämä kirja antaa monelle sen lukijalle lohdutuksen omiin murheisiinsa. Ja on sellaisia murheellisia päiviä, joina tuntuu, ettei Jumala enää välitä meistä ihmisistä ja ettei Jumalaa edes olisi olemassa. Mutta niin ei suinkaan ole vaan Jumala on kanssamme joka hetki sillä Jumala on meidän sydämissämme ja Jumalaa me kaikki olemme. Joten ei voida ajatella etteikö Jumalaa olisi, mutta on olemassa erillisyyden harha, jossa me ihmiset elämme ja sen harhan tähden me kärsimme asioista, jotka totuudessa ovat vain harhaa. Ja tämä kirja kertoo siitä, miten tuosta harhasta voi hetkittäin irrottautua, jolloin sisäinen tietoisuus totuudesta voi loistaa. Ja tuolloin harhamaailma väistyy ja olemme yhtä tässä Maailmankaikkeudessa. Ja on myös aika, joka on nyt alkanut ja se on rauhan ja rakkauden aika. Ja teistä jokainen voi tuon rauhan ja rakkauden ajan jo sydämessään tuntea, joten perehtymällä tähän kirjaan voit saada sydämeesi rauhan ja rakkauden tunteen, joka on jokaisen sielun syvin olemus.

Karmen Shi Englan

Oppaiden valtakunta
Äiti Marian opetuksia osa II

Tämä kirja on toinen osa Äiti Marian opetuksia kirjasarjasta. Ja tämä kirja kertoo teille siitä, miten oppaat ovat alati teidän kanssanne ja teidän apunanne. Ja on niin, ettei ole sellaista hetkeä ihmissielulla, etteikö hänen oppaansa olisi hänen vierellään. Ja tämän kirjan avulla voit saada yhteyden omaan rajantakaiseen auttajaasi. Ja jos haluat voit jopa olla hänen ja heidän kanssaan yhteydessä päivittäin, jolloin saat apua moneen arkiseen ongelmaasi. Sillä on niin, että oppaiden tehtävä on se, että he auttavat ihmisiä heidän päivittäisissä ongelmissaan. Ja jos heiltä ei apua pyydä, niin he eivät voi sitä antaa. Joten on tärkeätä, että jokainen ihminen maan päällä oppisi sen asian, että apua tulee pyytää. Ja se nostaa sekä avun pyytäjän että myös avun antajan henkistä tasoa. Joten hyviä opiskeluhetkiä sinulle, joka tahdot tietää enemmän oppaiden valtakunnasta.

Karmen Shi Englan

Negatiiviset olennot
Äiti Marian opetuksia osa III

Tämä kirja on kolmas kirja Äiti Marian opetuksia sarjasta. Ja tämä kirja on päätösosa sille trilogialle, joka kertoo henkisistä laeista, jotka teillä ihmisten keskuudessa on. Ja se riittää nyt, vaikka tieto onkin vähäistä, sillä nyt on jo aika siirtyä itse asiaan, eli siihen, miten ihminen voi itseään kehittää henkisesti. Mutta nyt tämä kirja keskittyy negatiivisiin olentoihin. Siihen miten ne syntyvät, miten ne voimistuvat ja pysyvät olemassa. Ja myös siihen, miten ne voi muuttaa rakkausenergiaksi. Eli tämän kirjan avulla voit ymmärtää syvällisemmin sen asian, että kaikki on rakkautta, siis myös negatiiviset olennotkin. Joten nyt tutustu elämän varjoihin ja totea, että nekin ovat vain ihmisen omia ajatusharhoja. Ja nyt rakas lukija; tiedä että tämän kirjan luettuasi voit päästä monista turhista peloistasi.

teksti Karmen Shi Englan/lukija Shi Arjelin

Rauhan ja Rakkauden meditaatio
Kanavoitu Äiti Marialta

Tämä CD on meditaatio, jonka on Äiti Maria kana-voinut Karmen Shi Englanin kautta teidän ihmisten käytettäväksi. Tämä CD-meditaatio on rauhan ja rakkauden meditaatio, joka puhdistaa teidät sekä fyysisesti että psyykkisesti. Eli teidän sielunne valo puhdistuu egon harhojen negatiivisista ajatuskuvioista. Ja tällöin myös teidän fyysinen terveytenne tulee paremmaksi, koska kaikki kehon kivut ja vaivat ovat lähtöisin ajatusmaailmasta joko tästä elämästä tai aiemmista. Joten tämän meditaation avulla voit tervehtyä sairauksista. Ja sen avulla voit osata valita elämässä paremmin oikeita valintoja, sillä elämässä tehdään joka hetki valintoja. Ja jos halutaan tehdä rakkaudellisia valintoja, niin silloin sydämen tulisi olla puhdas ja loistava. Ja tämän meditaation avulla sydämesi valo tulee loistamaan jopa niin, että ympärillä olevat ihmisetkin saavat siitä osansa. Joten nauti tämän CD:n tuomasta rauhasta ja rakkauden tunteesta! Terveisin elämänohjeita jakava Äiti Maria, oma rakas suojelusenkelinne. Meditaation lukijana toimii Shi Arjelin, jonka ääni on erittäin terapeuttinen ja hoitava.

BioforceCenter
association ry

BioforceCenter association ry
on rekisteröity aatteellinen yhdistys,
jonka tarkoituksena on
henkisten kirjoituksien, elämänohjeiden,
energiahoitojen ja taiteen kanavoiminen
rajantakaisilta auttajilta.

Kirjoja ja CD-levyjä myydään
BioforceCenter association ry:n toimesta
sekä myös monissa kirjakaupoissa
sekä internet kirjamyynnissä.

www.bioforcecenter.net